NOTICE

SUR LES

TRAVAUX SCIENTIFIQUES

DE

M. GASTON PLANTÉ

1867

SERVICES
DANS L'ENSEIGNEMENT ET DANS L'ADMINISTRATION
DE M. GASTON PLANTÉ (1).

— Licencié ès-sciences physiques en 1856.
— Préparateur de physique au Conservatoire des Arts et Métiers, de 1854 à 1858 (2).
— Professeur de physique à l'Association polytechnique en 1860-61.
— Attaché à la Commission Impériale pour l'Exposition universelle de 1862, à Londres, en qualité de suppléant du chef de service du classement général.
— Membre du jury à l'Exposition internationale de Bayonne, en 1864.
— Attaché, en 1865, à la Commission impériale pour les travaux préparatoires de l'Exposition universelle de 1867.
— Membre du Comité d'admission de la 94ᵉ classe, et de la réunion des Bureaux du 10ᵉ groupe à l'Exposition universelle de 1867.

---

(1) Né le 22 avril 1834, à Orthez (Basses-Pyrénées).
(2) Il a eu l'honneur de répéter, en cette qualité, devant Leurs Majestés Impériales, au palais des Tuileries, le 28 mars 1858, les principales expériences de l'électricité moderne.

TRAVAUX SCIENTIFIQUES

I

Découverte d'un oiseau fossile de taille gigantesque (Gastornis parisiensis), à la partie inférieure de l'argile plastique des terrains parisiens.

(Voir *Comptes-rendus* de l'Académie des Sciences, séance du 12 mars 1855, t. XL., pages 554 à 557, 579 à 584, et 616 à 619.)

— Cette découverte a été l'objet de deux communications à l'Académie par M. Constant Prévost, de deux notes de M. Hébert et de M. Lartet, de remarques de MM. Valenciennes et Élie de Beaumont, et d'un Mémoire de M. Richard Owen, de Londres, directeur du Musée britannique (1).

« Je crois, dit M. Constant Prévost dans sa première communication, que sans inconvénient aucun, et avec

---

(1) (On the affinities of the large extinct bird (Gastornis Parisiensis,) (Hébert) indicated by a fossil femur and tibia discovered in the lowest eocene formation near Paris. By Prof. Owen. F. R. S., F. G. S., etc.)

" The list of extinct giant birds has lastly been recruited by le concours de M. Hébert, je puis proposer de nommer l'oiseau gigantesque du bassin de Paris *Gastornis parisiensis* (Hébert), pour rappeler le zèle désintéressé du jeune observateur, *M. Gaston Planté*, qui, dans cette circonstance, a modestement consenti à faire profiter immédiatement la science de sa découverte, en la livrant à l'appréciation d'hommes éclairés par une longue expérience. » (V. page 557.)

---

the fossil remains of a species, at least as large as an Ostrich, from the eocene conglomerate at Meudon, near Paris, which lies between the plastic clay and the surface of the chalk.

I received immediate notice of the discovery by M. *Gaston Planté* and M. *Hébert* of the fossil bones which indicated the large bird in question, in letters from scientific friends at Paris, and more especially from the accomplished ornithologist, prince Charles-Lucien Bonaparte. .... In the month of June of the same year, M. *Hébert* communicated to the Academy of Sciences his discovery of the femur, at about 3 mètres, of horizontal distance from the spot, and in the same formation, where the tibia had been previously found by M. *Gaston Planté*.

" ..... The result of the numerous comparisons which I have made, lead me entirely to concur in the final conclusion of M. *Hébert*, viz. that the Gastornis belongs to a genus of birds distinct from all previously known. " (From the quarterly journal of the geological Society of London, for August 1856).

II

Mémoire sur la polarisation voltaïque, présenté à l'Académie des Sciences le 7 novembre 1859.

(Voir *Comptes-rendus*, tome 49, pages 402 à 405 et 676, et *Bibliothèque universelle de Genève, Archives des sciences physiques*, tome VII, p. 292, mars 1860).

— Dans ce Mémoire, j'ai appelé particulièrement l'attention sur le rôle de l'oxygène dans les voltamètres au point de vue du développement des courants dits de *polarisation*, et sur la cause d'affaiblissement qui résulte de la formation d'un oxyde plus ou moins soluble dans les combinaisons voltaïques destinées à produire l'électricité.

— Extrait de la Bibliothèque universelle de Genève :

« M. Planté a fait des expériences sur la polarisation voltaïque des métaux et a étudié les actions chimiques qui l'accompagnent : ses observations sont de nature à confirmer l'opinion que les actions chimiques qui ont lieu à la surface des électrodes d'un voltamètre suffisent pour expliquer la production de la polarisation, sans qu'il faille recourir à une influence spéciale des gaz électrolysés, etc... »

— Extrait de l'Exposé des applications de l'électricité, par le comte Th. du Moncel :

« Dans l'électrolyse de l'eau, certains physiciens, dit M. du Moncel, assurent que l'hydrogène exerce une action prépondérante; d'autres disent que c'est l'oxygène. M. Planté a cherché à les mettre d'accord en faisant voir qu'avec des électrodes attaquables, le courant secondaire ne provient pas de l'adhérence ou de la présence des couches gazeuses autour des électrodes, mais de l'action chimique produite par ces gaz, oxydation d'une part, réduction ou conservation de l'état métallique par l'hydrogène d'autre part. Suivant lui, ce serait l'action de l'oxygène à l'électrode positive qui déterminerait généralement la réaction, et plus l'oxyde formé serait électro-négatif par rapport au métal, plus le courant secondaire aurait d'énergie.

« ... Quoi qu'il en soit, l'expérience m'a démontré que les effets de la polarisation étaient déterminés le plus souvent par l'électrode positive, etc. » (V. tome V, pages 86 et 87).

III

Note sur un phénomène observé dans un voltamètre à fils de cuivre et à eau acidulée, présentée à l'Académie des Sciences le 20 février 1860.

(Voir *Comptes-rendus*, t. L, page 393, et *Bibliothèque universelle de Genève* ; *Archives des sciences physiques*, LXVe année, tome VII, avril 1860, p. 332).

— En étudiant les courants secondaires produits dans les voltamètres par les divers métaux, et en suivant attentivement les phénomènes d'oxydation accompagnés ou non de dissolution de métal à l'électrode positive, j'ai observé dans un voltamètre à fils de cuivre plongeant dans l'eau acidulée et traversé par un courant électrique d'une intensité suffisante, ce fait que le fil positif donne naissance à la précipitation d'un oxyde plus difficilement soluble que l'oxyde ordinaire, et prend la forme d'une pointe très-aigue, de sorte que l'électricité semble pénétrer de préférence dans le liquide par l'extrémité de ce fil et lui donner la forme la plus favorable pour son prompt écoulement. Quelquefois le courant laisse une trace visible de la ligne suivant laquelle il est passé en plus grande quantité par un sillon creusé dans le fil métallique.

D'autres phénomènes intéressants se rattachant à

l'étude de ce fait sont décrits dans la note en question.

L'analogie de cet écoulement de l'électricité voltaïque par une pointe, qu'elle se façonne pour ainsi dire elle-même au pôle positif, avec les effets des pointes dans l'électricité statique, m'a paru digne d'être signalée à l'attention des physiciens.

— En 1864, M. Cauderay, ingénieur des lignes télégraphiques à Lausanne, a eu l'heureuse idée de chercher à appliquer ce phénomène à la fabrication des épingles et des aiguilles. On sait combien l'empointage des fils métalliques est une opération insalubre pour les ouvriers chargés de ce travail. Cette opération accomplie par le courant électrique lui-même au sein d'un liquide acidulé serait tout à fait inoffensive, et l'électricité rendrait ainsi un nouveau service à l'humanité.

On a pu remarquer à l'Exposition universelle de 1867, dans la section suisse, un appareil ingénieux disposé dans ce but par M. Cauderay, ainsi que des épingles et des aiguilles façonnées en pointe aigue par le courant électrique. Rien n'empêche d'espérer que cette application ne prenne un jour une certaine extension.

IV

Note sur la substitution d'électrodes en plomb aux électrodes en platine, proposées par M. Jacobi, pour la télégraphie électrique, présentée à l'Académie des Sciences, le 19 mars 1860.

(Voir *Comptes-rendus*, t. L, page 600).

— J'ai signalé dans cette note la supériorité du courant secondaire, produit par des électrodes en plomb, sur le courant secondaire fourni par des électrodes de platine ou de platine platiné, et j'ai conclu qu'il y aurait avantage à s'en servir pour neutraliser, dans la télégraphie, les effets des perturbations atmosphériques que M. Jacobi avait eu l'idée de combattre à l'aide du courant de polarisation produit par des électrodes de platine.

V

Note sur une nouvelle pile secondaire d'une grande puissance (ou batterie de polarisation), présentée à l'Académie des Sciences le 26 mars 1860.

(Voir *Comptes-rendus*, t. L, page 640. — *Bibliothèque universelle de Genève*; *Archives des sciences physiques*. LXVe année, tome VIII, 1860. — *Annalen der Physik und Chemie* (Poggendorff) 109e volume, 1860, page 655).

— J'ai montré, à l'aide de cet appareil basé sur l'intensité du courant, observé précédemment avec des électrodes en plomb, le parti tout à fait inattendu qu'on pouvait tirer des courants secondaires pour transformer le travail de la pile, et obtenir avec une faible source d'électricité, agissant pendant un certain temps, des effets puissants, que cette source eût été incapable de produire par elle-même.

En donnant aux lames de plomb de la batterie secondaire une surface relativement considérable, j'ai réalisé un appareil pouvant jouer le rôle d'un condensateur pour l'électricité dynamique, et j'ai montré ainsi qu'on pouvait produire des effets de *quantité*, avec une source d'électricité de *tension* (1).

Sans doute cette modification n'est obtenue que par

---

(1) Dans l'expérience que j'ai faite à l'Académie des Sciences, le 26 mars 1860, j'ai employé une batterie secondaire de 10 mètres

l'intermédiaire d'une action chimique. Il n'y a pas, comme dans l'induction, production directe d'un effet physique par une autre action physique, et il s'ensuit nécessairement une plus grande perte dans la transformation. Mais le résultat final n'en est pas moins une manière d'être différente de la force électrique, qu'on peut utiliser, dans des circonstances données.

En perfectionnant et simplifiant la disposition de cet appareil, de manière à le rendre d'un usage plus pratique, je ne doute pas que les applications auxquelles il pourra donner lieu ne soient un jour très-nombreuses, et, pour ainsi dire, réciproques de celles des appareils d'induction, qui transforment, comme on le sait, la *quantité* d'électricité en *tension*.

Des effets calorifiques, magnétiques, et en général, des effets physiques de toute sorte, plus puissants que tous ceux qui ont été produits jusqu'ici, pourront être obtenus avec d'autant plus de facilité que rien ne limitera la surface et les dimensions à donner à un appareil formé d'un métal aussi commode dans son emploi, et aussi économique que le plomb.

— Cette batterie secondaire a été l'objet d'expériences de mesure très-précises de la part de M. Edmond Becquerel, qui a trouvé pour la force électromotrice inverse développée par les électrodes de plomb le nombre 1,41, celle de l'élément de Bunsen étant représentée par 1. (Voir *Annales du Conservatoire des Arts-et-Métiers*. Octobre 1860, p. 275 à 277).

---

carrés de surface, mise en activité par 5 petits couples de Bunsen, dont chaque élément n'avait pas un décimètre carré de surface.

— « M. Jacobi, » dit M. du Moncel, « a cherché le premier à tirer parti des batteries de polarisation pour la télégraphie. Dans ce but, il a construit une batterie composé d'une série de lames de platine plongées deux par deux dans des vases remplis d'eau acidulée et réunies les unes aux autres à la manière des éléments d'une pile. Mais quoique assez énergique relativement, cette batterie s'est trouvée considérablement distancée par celle de M. Planté qui, en réagissant comme un puissant condensateur voltaïque, a pu produire des effets extraordinaires.

L'étude spéciale que M. Planté avait faite des courants secondaires lui ayant fait reconnaître que la force électro-motrice fournie par des électrodes de plomb était environ deux fois et demie plus grande que celle fournie par des électrodes de platine platiné, et six fois et demie supérieure à celle qui est donnée par des électrodes de platine ordinaire, il pensa que la substitution du plomb en platine serait avantageuse et il chercha à combiner une batterie fondée sur ce principe. » (Suit la description de la batterie.)

Plus loin, dans les applications à la télégraphie, M. du Moncel ajoute : « Un élément de la batterie de polarisation de M. Planté a pu détruire un magnétisme condensé représenté par 200 grammes. (Voir *Exposé des applications de l'électricité*, par le comte Th. du Moncel, t. V, p. 94, 96 et 199).

— « M. Gaston Planté, » dit M. Louis Figuier, « a réalisé une innovation très-curieuse dans l'emploi de l'électricité sous forme de courant. Il est parvenu à imiter, avec le courant de la pile voltaïque, l'effet de la bouteille de Leyde. Il a obtenu, en d'autres termes, un appareil condensateur qui se charge d'électricité dynamique, au lieu d'électricité statique. Voici les dispositions dont M. Planté fait usage pour obtenir ce résultat inattendu. » (Suit la description de la batterie secondaire.)

« L'appareil de M. Planté, par le principe nouveau sur lequel son idée repose, est une des inventions les plus originales que l'on ait réalisées depuis assez longtemps dans la science de l'électricité (1). »

— « Il est bien entendu, » dit M. Léon Foucault (2), « que, tout compte fait, la nouvelle batterie n'augmente pas la puissance de la pile; elle agit à l'égard de l'électricité, comme tous les mécanismes employés à transformer le mouvement et à accumuler les forces, comme le cric ou le moufle, qui sans accroître la force motrice n'en sont pas moins, dans bien des cas, d'une incontestable utilité. »

---

(1) *Revue scientifique de la Presse*, 12 mai 1860.
(2) *Revue scientifique du Journal des Débats*, 7 juin 1860.

VI

Note sur la production de l'ozone, présentée à l'Académie des Sciences le 23 juillet 1866.
(Voir *Comptes-rendus*, tome LXIII, page 181).

— Les métaux inoxydables, tels que l'or et le platine, avaient été considérés comme étant les seuls qu'on puisse employer, comme électrodes, pour obtenir l'ozone par la décomposition électro-chimique de l'eau.

J'ai fait connaître, dans cette note, que l'ozone peut être produit par des électrodes de plomb en plus forte proportion que par des électrodes de platine et dans le rapport de $\frac{3}{2}$ environ.

Sans formuler aucune hypothèse sur la théorie de ce phénomène assez difficile à expliquer dans l'état actuel de nos connaissances sur l'ozone, je conclus que pour préparer ce corps par l'électrolyse de l'eau, on pourra employer désormais des électrodes de plomb de préférence à des électrodes de platine.

www.ingramcontent.com/pod-product-compliance
Lightning Source LLC
Chambersburg PA
CBHW070437080426
42450CB00031B/2679